Redondo como un círculo

Matthew Taylor

¿Qué es redondo como
un círculo?

Un salvavidas es redondo.

¿Qué es redondo como un círculo?

Una noria es redonda.

¿Qué es redondo como un círculo?

Esta autopista es redonda.

¿Qué es redondo como
un círculo?

Esta ventana es redonda.

9

¿Qué es redondo como
un círculo?

Un girasol es redondo.

Cosas redondas como un círculo

autopista

girasol

noria

salvavidas

ventana